寫・觀世音菩薩普門品

張明明 範帖書寫

與觀世音菩薩心念相應，
開智慧，除煩惱，化解惡緣，所求願滿

本書使用方法

字安則心安，字穩則心定。

出版「寫經寫字系列」的起心動念，很單純，就是給自己一段時間好好寫字，感受筆落紙上，在一筆一畫中重新回歸身心的安定力量。

惶惶不安有時，焦慮難耐有時，疫情天災更放大了不安穩與不確定，當你感到混亂的時候，就來寫字吧。

寫什麼都可以，從寫經入手，為的是在專心摹寫的過程裡，可以收斂自己紛雜的心緒，可以在呼吸落筆之間收束意念，修習定的工夫。

時至今日，寫經除了傳統概念上的「抄經以利佛法流傳」的發心祈願外，不是佛教徒同樣也可以藉由寫經傳遞與人結善緣的祝福心意，無須心有罣礙。

該如何開始寫？選擇一個喜歡的版本當然是最重要的，如果是佛教徒的話，可以遵循宗教儀軌，先沐手，端身就坐，收攝身心，默唸〈開經偈〉一遍。然後開始寫經，寫完之後再恭頌〈迴向偈〉。

若是只是想單純藉由寫經來練字定心，專念一意是最重要的，字醜字美有無錯漏都不需懊惱，錯字旁畫◯，在空白處補上正確的字，無須塗改，繼續書寫即可。

當你想把寫經的祝福心意傳遞給他人時，可以在寫完經文之後，寫下①當天日期，②寫經人姓名，③迴向（默想傳送心意）給祝福的人，這樣就可以將你的誠懇心意圓滿表達。

本次出版的《寫・觀世音菩薩普門品》，版本格式選擇的是二十五開本，裝幀方式採用在製作上更費時費工的穿線裸背裝訂，使用這種裝幀法最主要的目的是可以一百八十度完全攤平，更方便書寫，書寫時更能凝心致意。

【關於妙法蓮華經．觀世音菩薩普門品】

〈觀世音菩薩普門品〉出自《妙法蓮華經》第二十五品。

《妙法蓮華經》簡稱《法華經》，被稱做「經中之王」。有梵、藏、漢、英、日等各種語言翻譯，漢譯本中流傳最廣的是姚秦三藏法師鳩摩羅什的譯本。

〈普門品〉經文描述的是觀世音菩薩千處祈求千處現，以各種化身尋聲救苦的事跡。開始有漢譯本流傳的一千六百年來，觀音菩薩跟普門品幾乎是東亞流通最廣的信仰，其中最大的推手，據說是因為北涼河西王沮渠蒙遜（西元三六八～四三三年）的緣故。沮渠蒙遜曾經患病難治，法師曇無讖勸他唸誦〈普門品〉，果然病癒，沮渠蒙遜以舉國之力推動〈普門品〉，從此之後就有了「處處彌陀佛，家家觀世音」的信仰盛況。

大悲拔眾苦，觀世音菩薩的形象深印眾人心中，無論是不是佛教徒，幾乎都願意親近祂。透過書寫讀誦普門品，練習安心自在，自利利他。

【開經偈與迴向偈】

如果有宗教信仰的話，可以在開始寫經之前，端正心意默唸〈開經偈〉：「無上甚深微妙法，百千萬劫難遭遇；我今見聞得受持，願解如來真實義。」

寫經完成之後，端正誦念〈迴向偈〉：「願消三障諸煩惱，願得智慧真明了；普願災障悉消除，世世常行菩薩道。」

迴向偈版本眾多，提供給大家誦念的版本，出自唐朝懷海法師《百丈叢林清規證義記》。

一起來寫好字

張明明

手寫文字，在數位時代特別覺得有溫度。想寫一手好字，起心動念是一切的開始。動手寫，養成習慣，才能在過程中孕育熱情，持續寫下去。因為書寫工具的不同，大致可以區分為硬筆字和軟筆字。軟筆（毛筆）比起硬筆，最大的差異在於毛筆的不易控制，相對的也比較不容易上手。而硬筆便於攜帶與取得，在練習便利性上大大的加分，但無論是使用哪一種書寫工具，練習時都需要使用一些技巧來讓字寫得更好看，而這些技巧是不分軟硬筆都能共通的。

一、首先是「筆」

工欲善其事，必先利其器，選對適合的筆是寫字的第一步。方便現代人隨時可以練字的硬筆種類，常見的有鉛筆、原子筆、鋼筆、中性筆等等。選筆時優先考量的是書寫出墨順暢，大體而言：鉛筆可以表現出顏色深淺及線條粗細；原子筆最容易取得，但隨著使用時間增長，筆尖易磨損，出墨不順；中性筆出墨流暢，線條輕重容易控制，是大多數人喜愛的筆類；鋼筆使用的壽命長，不同筆尖可以寫出類似書法線條的效果。每種筆各有優缺點，多方嘗試各種筆的特性，就容易找到最適合自己的筆。

二、再來是「帖」

以古為師，以帖為宗，這是萬變不離其宗的法門。剛開始練習寫字，「選什麼字帖？從哪一種字體開始入門？」是大家最常問的問題。這個問題沒有標準答案，但無論選擇什麼，關鍵都在於：必須臨摹古帖，師古人。以古為今，先摹再臨最為上策。也就是古人云：「取法乎上，僅得其中，取法乎中，僅得其下。」記得我小時候剛練字時，科技用品不如現在發達，為了要摹古帖，還特別到照片行買了二手的幻燈片燈箱，將影印來的字帖放在燈箱上，用描摹紙摹字練習。先學其形，再學其神，最後期望達到形神兼備。適合用硬筆來練習的古帖，從「容易上手」跟「考慮硬筆字工具限制」這兩點來看，我建議的楷書臨帖首選是王羲之《樂毅論》、文徵明《落花詩冊》、趙孟頫《道德經》等，這幾本帖子結體合乎法度，筆筆交代清楚，古樸秀逸，對初學者來說是很不錯的選擇。

三、學會握筆姿勢

「指實掌虛，腕平掌豎」是書法用筆的基本大法。在今日，以硬筆執筆，指實掌虛亦是不變的法則。也就是拇指、食指，中指確實握好筆管，掌心則空隙則好像可以容下雞蛋，這樣一來就能運轉自如，無窒礙之勢。請試試看這個握筆心法，多練習幾次，應該會發現寫出來的字跟以前不一樣。

四、堅持每天寫一段時間

記得高中時期，同學都埋頭書堆，我則是每天跟毛筆相處，直至今日才感受到跟筆的感情歷久彌新。

每天抽出一段時間，把心靜下來跟筆培養感情。寫字是水磨功夫，只要願意開始練習，寫出一手好字不是妄想。字如其人，練字就是練心境，透過練字，可以感受到沉浸在其中的樂趣。

拿起筆來試試吧，期待你也能一起享受寫字的美好。

張明明老師

宜蘭人。現為臺北市關渡華砇實驗教育機構校長。

長年習字，師事書法名家陳鏡聰先生、江育民先生。

多次獲得美展書法類優選，參加當代書藝展聯展。

抄經寫字練習不綴。

著有《寫心經》、《寫・藥師經》、《寫・金剛經》、《寫・觀世音菩薩普門品》。

妙法蓮華經觀世音菩薩普門品

姚秦三藏法師鳩摩羅什奉詔譯

尒時。无盡意菩薩即從座起。偏袒右肩。
合掌向佛。而作是言。世尊。觀世音菩薩
以何因緣。名觀世音。佛告无盡意菩薩。
善男子。若有无量百千万億衆生。受諸
苦惱。聞是觀世音菩薩。一心稱名。觀世
音菩薩即時觀其音聲。皆得解脫。若有
持是觀世音菩薩名者。設入大火。火不

能焼。由是菩薩威神力故。若為大水所
漂。稱其名号。即得浅處。若有百千万億
衆生。為求金銀。瑠璃。硨磲。瑪瑙。珊瑚。虎
珀。真珠等寶。入於大海。假使黒風吹其
船舫。漂堕羅刹鬼國。其中若有乃至一
人稱觀世音菩薩名者。是諸人等。皆得
解脱羅刹之難。以是因縁。名觀世音。若
復有人。臨當被害。稱觀世音菩薩名者。
彼所執刀杖。尋段段壊。而得解脱。若三

千大千國土。滿中夜叉羅剎。欲来惱人。
聞其稱觀世音菩薩名者。是諸惡鬼尚
不能以惡眼視之。況復加害。設復有人。
若有罪。若无罪。杻械枷鎖。檢繫其身。稱
觀世音菩薩名者。皆悉斷壞。即得解脫。
若三千大千國土。滿中怨賊。有一商主。
將諸商人。齎持重寶。經過險路。其中一
人。作是唱言。諸善男子。勿得恐怖。汝等
應當一心稱觀世音菩薩名号。是菩薩

能以无畏施於衆生。汝等若稱名者。於此怨賊當得解脫。衆商人聞。俱發聲言。南无觀世音菩薩。稱其名故。即得解脫。无盡意。觀世音菩薩摩訶薩。威神之力。巍巍如是。若有衆生多於淫欲。常念恭敬觀世音菩薩。便得離欲。若多瞋恚。常念恭敬觀世音菩薩。便得離瞋。若多愚癡。常念恭敬觀世音菩薩。便得離癡。无盡意。觀世音菩薩有如是等大威神力。

多所饒益。是故衆生常應心念。若有女
人設欲求男。礼拜供養觀世音菩薩。便
生福德智慧之男。設欲求女。便生端正
有相之女。宿植德本。衆人愛敬。无盡意。
觀世音菩薩有如是力。若有衆生恭敬
礼拜觀世音菩薩。福不唐捐。是故衆生
皆應受持觀世音菩薩名号。无盡意。若
有人受持六十二億恒河沙菩薩名字。
復盡形供養飲食。衣服。卧具。醫藥。於汝

意云何。是善男子善女人功德多不。无盡意言。甚多。世尊。佛言。若復有人受持觀世音菩薩名号。乃至一時礼拜供養。是二人福。正等无異。於百千万億劫不可窮盡。无盡意。受持觀世音菩薩名号。得如是无量无邊福德之利。无盡意菩薩白佛言。世尊。觀世音菩薩云何遊此娑婆世界。云何而為衆生說法。方便之力。其事云何。佛告无盡意菩薩。善男子

若有國土眾生。應以佛身得度者。觀世音菩薩即現佛身而為說法。應以辟支佛身得度者。即現辟支佛身而為說法。應以聲聞身得度者。即現聲聞身而為說法。應以梵王身得度者。即現梵王身而為說法。應以帝釋身得度者。即現帝釋身而為說法。應以自在天身得度者。即現自在天身而為說法。應以大自在天身得度者。即現大自在天身而為說。

法。應以天大將軍身得度者。即現天大將軍身而為說法。應以毗沙門身得度者。即現毗沙門身而為說法。應以小王身得度者。即現小王身而為說法。應以長者身得度者。即現長者身而為說法。應以居士身得度者。即現居士身而為說法。應以宰官身得度者。即現宰官身而為說法。應以婆羅門身得度者。即現婆羅門身而為說法。應以比丘、比丘尼、優婆塞。優婆夷身得度者。即現比丘。比丘尼。優婆塞。優婆夷身而為說法。應以長者。居士。宰官。婆羅門。婦女身得度者。即現婦女身而為說法。應以童男童女身得度者。即現童男童女身而為說法。應以天。龍。夜叉。乾闥婆。阿脩羅。迦樓羅。緊那羅。摩睺羅伽。人。非人等身得度者。即皆現之而為說法。應以執金剛神得度者。即現執金剛神而為說法。无盡意。

是觀世音菩薩成就如是功德。以種種
形遊諸國土。度脫眾生。是故汝等應當
一心供養觀世音菩薩。是觀世音菩薩
摩訶薩。於怖畏急難之中。能施无畏。是
故此娑婆世界皆号之為施无畏者。无
盡意菩薩白佛言。世尊。我今當供養觀
世音菩薩。即解頸眾寶珠瓔珞。價值百
千兩金而以與之。作是言。仁者。受此法
施。珎寶瓔珞。時觀世音菩薩不肯受之。

无盡意復白觀世音菩薩言。仁者。愍我
等故。受此瓔珞。尒時佛告觀世音菩薩。
當愍此无盡意菩薩。及四衆。天。龍。夜叉。
乾闥婆。阿脩羅。迦樓羅。緊那羅。摩睺羅
伽。人。非人等故。受是瓔珞。即時觀世音
菩薩。愍諸四衆。及於天。龍。人。非人等。受
其瓔珞。分作二分。一分奉釋迦牟尼佛。
一分奉多寶佛塔。无盡意。觀世音菩薩
有如是自在神力。遊於娑婆世界。尒時。

无盡意菩薩以偈問曰。

世尊妙相具　我今重問彼
佛子何因緣　名為觀世音
具足妙相尊　偈答无盡意
汝聽觀音行　善應諸方所
弘誓深如海　歷劫不思議
侍多千億佛　發大清淨願
我為汝略說　聞名及見身
心念不空過　能滅諸有苦

假使興害意
推落大火坑
念彼觀音力
火坑變成池
或漂流巨海
龍魚諸鬼難
念彼觀音力
波浪不能沒
或在須彌峰
為人所推墮
念彼觀音力
如日虛空住
或被惡人逐
墮落金剛山
念彼觀音力
不能損一毛
或值怨賊繞
各執刀加害

念彼觀音力　咸即起慈心
或遭王難苦　臨刑欲壽終
念彼觀音力　刀尋段段壞
或囚禁枷鎖　手足被杻械
念彼觀音力　釋然得解脫
咒詛諸毒藥　所欲害身者
念彼觀音力　還著於本人
或遇惡羅剎　毒龍諸鬼等
念彼觀音力　時悉不敢害

若惡獸圍繞　利牙爪可怖
念彼觀音力　疾走无邊方
蚖蛇及蝮蠍　氣毒煙火然
念彼觀音力　尋聲自迴去
雲雷鼓掣電　降雹澍大雨
念彼觀音力　應時得消散
眾生被困厄　无量苦逼身
觀音妙智力　能救世間苦
具足神通力　廣修智方便

十方諸國土
種種諸惡趣
生老病死苦
真觀清淨觀
悲觀及慈觀
无垢清淨光
能伏災風火
悲體戒雷震
澍甘露法雨

无刹不現身
地獄鬼畜生
以漸悉令滅
廣大智慧觀
常願常瞻仰
慧日破諸暗
普明照世間
慈意妙大雲
滅除煩惱焰

諍訟經官處　怖畏軍陣中

念彼觀音力　衆怨悉退散

妙音觀世音　梵音海潮音

勝彼世間音　是故須常念

念念勿生疑　觀世音淨聖

於苦惱死厄　能為作依怙

具一切功德　慈眼視衆生

福聚海无量　是故應頂礼

尒時。持地菩薩即從座起。前白佛言。世

尊。若有衆生聞是觀世音菩薩品。自在之業。普門示現神通力者。當知是人。功徳不少。佛説是普門品時。衆中八万四千衆生。皆發无等等阿耨多羅三藐三菩提心。

妙法蓮華經觀世音菩薩普門品

姚秦三藏法師鳩摩羅什奉詔譯

尒時。无盡意菩薩即從座起。偏袒右肩。合掌向佛。而作是言。世尊。觀世音菩薩以何因緣。名觀世音。佛告无盡意菩薩。善男子。若有无量百千万億眾生受諸苦惱。聞是觀世音菩薩。一心稱名。觀世音菩薩即時觀其音聲。皆得解脫。若有持是觀世音菩薩名者。設入大火。火不

能燒。由是菩薩威神力故。若為大水所
漂。稱其名号。即得淺處。若有百千万億
衆生。為求金。銀。瑠璃。硨磲。瑪瑙。珊瑚。虎
珀。真珠等寶。入於大海。假使黒風吹其
船舫。漂墮羅刹鬼國。其中若有乃至一
人稱觀世音菩薩名者。是諸人等。皆得
解脫羅刹之難。以是因緣。名觀世音。若
復有人臨當被害。稱觀世音菩薩名者。
彼所執刀杖。尋段段壞。而得解脫。若三

千大千國土。滿中夜叉羅剎。欲來惱人。聞其稱觀世音菩薩名者。是諸惡鬼。尚不能以惡眼視之。況復加害。設復有人。若有罪。若无罪。杻械枷鎖。檢繫其身。稱觀世音菩薩名者。皆悉斷壞。即得解脫。若三千大千國土。滿中怨賊。有一商主。將諸商人。賫持重寶。經過險路。其中一人作是唱言。諸善男子。勿得恐怖。汝等應當一心稱觀世音菩薩名号。是菩薩

能以无畏施於衆生。汝等若稱名者。於
此怨賊當得解脫。衆商人聞。俱發聲言。
南无觀世音菩薩。稱其名故。即得解脫。
无盡意。觀世音菩薩摩訶薩。威神之力。
巍巍如是。若有衆生多於淫欲。常念恭
敬觀世音菩薩。便得離欲。若多瞋恚。常
念恭敬觀世音菩薩。便得離瞋。若多愚
癡。常念恭敬觀世音菩薩。便得離癡。无
盡意。觀世音菩薩有如是等大威神力。

多所饒益。是故衆生常應心念。若有女
人設欲求男。礼拜供養觀世音菩薩。便
生福德智慧之男。設欲求女。便生端正
有相之女。宿植德本。衆人愛敬。无盡意。
觀世音菩薩有如是力。若有衆生恭敬
礼拜觀世音菩薩。福不唐捐。是故衆生
皆應受持觀世音菩薩名号。无盡意。若
有人受持六十二億恒河沙菩薩名字。
復盡形供養飲食。衣服。卧具。醫藥。於汝

意云何。是善男子善女人功德多不。无
盡意言。甚多。世尊。佛言。若復有人受持
觀世音菩薩名号。乃至一時礼拜供養。
是二人福。正等无異。於百千万億劫不
可窮盡。无盡意。受持觀世音菩薩名号。
得如是无量无邊福德之利。无盡意菩
薩白佛言。世尊。觀世音菩薩云何遊此
娑婆世界。云何而為衆生說法。方便之
力。其事云何。佛告无盡意菩薩。善男子

若有國土衆生。應以佛身得度者。觀世音菩薩即現佛身而為説法。應以辟支佛身得度者。即現辟支佛身而為説法。應以聲聞身得度者。即現聲聞身而為説法。應以梵王身得度者。即現梵王身而為説法。應以帝釋身得度者。即現帝釋身而為説法。應以自在天身得度者。即現自在天身而為説法。應以大自在天身得度者。即現大自在天身而為説

法。應以天大将軍身得度者。即現天大
将軍身而為説法。應以毗沙門身得度
者。即現毗沙門身而為説法。應以小王
身得度者。即現小王身而為説法。應以
長者身得度者。即現長者身而為説法。
應以居士身得度者。即現居士身而為
説法。應以宰官身得度者。即現宰官身
而為説法。應以婆羅門身得度者。即現
婆羅門身而為説法。應以比丘。比丘尼。

優婆塞。優婆夷身得度者。即現比丘。比
丘尼。優婆塞。優婆夷身而為說法。應以
長者。居士。宰官。婆羅門。婦女身得度者。
即現婦女身而為說法。應以童男童女身
身得度者。即現童男童女身而為說法。
應以天龍。夜叉。乾闥婆。阿修羅。迦樓羅。
緊那羅。摩睺羅伽。人。非人等身得度者。
即皆現之而為說法。應以執金剛神得
度者。即現執金剛神而為說法。無盡意。

是觀世音菩薩成就如是功德。以種種
形遊諸國土。度脫眾生。是故汝等應當
一心供養觀世音菩薩。是觀世音菩薩
摩訶薩。於怖畏急難之中。能施无畏。是
故此娑婆世界皆号之為施无畏者。无
盡意菩薩白佛言。世尊。我今當供養觀
世音菩薩。即觧頸眾寶珠瓔珞。價值百
千兩金而以與之。作是言。仁者受此法
施。珎寶瓔珞。時觀世音菩薩不肯受之。

无盡意復白觀世音菩薩言。仁者。愍我
等故。受此瓔珞。尒時。佛告觀世音菩薩。
當愍此无盡意菩薩。及四衆。天龍。夜叉。
乾闥婆。阿脩羅。迦樓羅。緊那羅。摩睺羅
伽。人。非人等故。受是瓔珞。即時觀世音
菩薩。愍諸四衆。及於天。龍。人。非人等。受
其瓔珞。分作二分。一分奉釋迦牟尼佛。
一分奉多寶佛塔。无盡意。觀世音菩薩。
有如是自在神力。遊於娑婆世界。尒時。

无盡意菩薩以偈問曰。

世尊妙相具　我今重問彼

佛子何因緣　名為觀世音

具足妙相尊　偈答无盡意

汝聽觀音行　善應諸方所

弘誓深如海　歷劫不思議

侍多千億佛　發大清淨願

我為汝略說　聞名及見身

心念不空過　能滅諸有苦

假使興害意
推落大火坑
念彼觀音力
火坑變成池
或漂流巨海
龍魚諸鬼難
念彼觀音力
波浪不能沒
或在須彌峰
為人所推墮
念彼觀音力
如日虛空住
或被惡人逐
墮落金剛山
念彼觀音力
不能損一毛
或值怨賊繞
各執刀加害

念彼觀音力
或遭王難苦
念彼觀音力
或囚禁枷鎖
念彼觀音力
咒詛諸毒藥
念彼觀音力
或遇惡羅剎
念彼觀音力

咸即起慈心
臨刑欲壽終
刀尋段段壞
手足被杻械
釋然得解脫
所欲害身者
還著於本人
毒龍諸鬼等
時悉不敢害

若惡獸圍繞　利牙爪可怖
念彼觀音力　疾走无邊方
蚖蛇及蝮蠍　氣毒煙火然
念彼觀音力　尋聲自迴去
雲雷鼓掣電　降雹澍大雨
念彼觀音力　應時得消散
眾生被困厄　无量苦逼身
觀音妙智力　能救世間苦
具足神通力　廣修智方便

十方諸國土　无剎不現身
種種諸惡趣　地獄鬼畜生
生老病死苦　以漸悉令滅
真觀清淨觀　廣大智慧觀
悲觀及慈觀　常願常瞻仰
无垢清淨光　慧日破諸暗
能伏災風火　普明照世間
悲體戒雷震　慈意妙大雲
澍甘露法雨　滅除煩惱焰

諍訟經官處　怖畏軍陣中
念彼觀音力　衆怨悉退散
妙音觀世音　梵音海潮音
勝彼世間音　是故須常念
念念勿生疑　觀世音淨聖
於苦惱死厄　能為作依怙
具一切功德　慈眼視衆生
福聚海无量　是故應頂礼
尒時。持地菩薩即從座起。前白佛言。世

尊。若有衆生聞是觀世音菩薩品。自在之業。普門示現神通力者。當知是人。功德不少。佛說是普門品時。衆中八万四千衆生。皆發无等等阿耨多羅三藐三菩提心。

妙法蓮華經觀世音菩薩普門品

姚秦三藏法師鳩摩羅什奉詔譯

尒時。无盡意菩薩即從座起。偏袒右肩。合掌向佛。而作是言。世尊。觀世音菩薩以何因緣。名觀世音。佛告无盡意菩薩。善男子。若有无量百千万億衆生。受諸苦惱。聞是觀世音菩薩。一心稱名。觀世音菩薩即時觀其音聲。皆得解脫。若有持是觀世音菩薩名者。設入大火。火不

能燒。由是菩薩威神力故。若為大水所
漂。稱其名号。即得淺處。若有百千万億
衆生。為求金銀。瑠璃。硨磲。瑪瑙。珊瑚。虎
珀。真珠等寶。入於大海。假使黒風吹其
船舫。漂墮羅刹鬼國。其中若有乃至一
人稱觀世音菩薩名者。是諸人等。皆得
解脫羅刹之難。以是因緣。名觀世音。若
復有人臨當被害。稱觀世音菩薩名者。
彼所執刀杖。尋段段壞。而得解脫。若三

千大千國土。滿中夜叉羅刹。欲來惱人。聞其稱觀世音菩薩名者。是諸惡鬼尚不能以惡眼視之。況復加害。設復有人。若有罪。若無罪。杻械枷鎖。檢繫其身。稱觀世音菩薩名者。皆悉斷壞。即得解脫。若三千大千國土。滿中怨賊。有一商主。將諸商人。齎持重寶。經過險路。其中一人作是唱言。諸善男子。勿得恐怖。汝等應當一心稱觀世音菩薩名號。是菩薩

能以无畏施於衆生。汝等若稱名者。於
此怨賊當得解脫。衆商人聞。俱發聲言。
南无觀世音菩薩。稱其名故。即得解脫。
无盡意。觀世音菩薩摩訶薩。威神之力。
巍巍如是。若有衆生多於淫欲。常念恭
敬觀世音菩薩。便得離欲。若多瞋恚。常
念恭敬觀世音菩薩。便得離瞋。若多愚
癡。常念恭敬觀世音菩薩。便得離癡。无
盡意。觀世音菩薩有如是等大威神力。

多所饒益。是故眾生常應心念。若有女
人設欲求男。礼拜供養觀世音菩薩。便
生福德智慧之男。設欲求女。便生端正
有相之女。宿植德本。眾人愛敬。无盡意。
觀世音菩薩有如是力。若有眾生恭敬
礼拜觀世音菩薩。福不唐捐。是故眾生
皆應受持觀世音菩薩名号。无盡意。若
有人受持六十二億恒河沙菩薩名字。
復盡形供養飲食。衣服。卧具。醫藥。於汝

意云何。是善男子善女人功德多不。无
盡意言。甚多。世尊。佛言。若復有人受持
觀世音菩薩名号。乃至一時礼拜供養。
是二人福。正等无異。於百千万億劫不
可窮盡。无盡意。受持觀世音菩薩名号。
得如是无量无邊福德之利。无盡意菩
薩白佛言。世尊。觀世音菩薩云何遊此
娑婆世界。云何而為衆生說法。方便之
力。其事云何。佛告无盡意菩薩。善男子

若有國土衆生。應以佛身得度者。觀世
音菩薩即現佛身而為說法。應以辟支
佛身得度者。即現辟支佛身而為說法。
應以聲聞身得度者。即現聲聞身而為
說法。應以梵王身得度者。即現梵王身
而為說法。應以帝釋身得度者。即現帝
釋身而為說法。應以自在天身得度者。
即現自在天身而為說法。應以大自在
天身得度者。即現大自在天身而為說

法。應以天大將軍身得度者。即現天大
將軍身而為說法。應以毗沙門身得度
者。即現毗沙門身而為說法。應以小王
身得度者。即現小王身而為說法。應以
長者身得度者。即現長者身而為說法。
應以居士身得度者。即現居士身而為
說法。應以宰官身得度者。即現宰官身
而為說法。應以婆羅門身得度者。即現
婆羅門身而為說法。應以比丘。比丘尼。

優婆塞。優婆夷身得度者。即現比丘比
丘尼。優婆塞。優婆夷身而為說法。應以
長者。居士。宰官。婆羅門。婦女身得度者。
即現婦女身而為說法。應以童男童女
身得度者。即現童男童女身而為說法。
應以天龍。夜叉。乾闥婆。阿脩羅。迦樓羅。
緊那羅。摩睺羅伽。人。非人等身得度者。
即皆現之而為說法。應以執金剛神得
度者。即現執金剛神而為說法。无盡意。

是觀世音菩薩成就如是功德。以種種
形遊諸國土。度脫眾生。是故汝等應當
一心供養觀世音菩薩。是觀世音菩薩
摩訶薩。於怖畏急難之中。能施无畏。是
故此娑婆世界皆号之為施无畏者。无
盡意菩薩白佛言。世尊。我今當供養觀
世音菩薩。即解頸眾寶珠瓔珞。價值百
千兩金而以與之。作是言。仁者。受此法
施。珎寶瓔珞。時觀世音菩薩不肯受之。

无盡意復白觀世音菩薩言。仁者。愍我
等故。受此瓔珞。尒時佛告觀世音菩薩。
當愍此无盡意菩薩。及四衆。天。龍。夜叉。
乹闥婆。阿脩羅。迦樓羅。緊那羅。摩睺羅
伽。人。非人等故。受是瓔珞。即時觀世音
菩薩愍諸四衆。及於天。龍。人。非人等。受
其瓔珞。分作二分。一分奉釋迦牟尼佛。
一分奉多寶佛塔。无盡意。觀世音菩薩
有如是自在神力。遊於娑婆世界。尒時。

无盡意菩薩以偈問曰

世尊妙相具　我今重問彼
佛子何因緣　名為觀世音
具足妙相尊　偈答无盡意
汝聽觀音行　善應諸方所
弘誓深如海　歷劫不思議
侍多千億佛　發大清淨願
我為汝略說　聞名及見身
心念不空過　能滅諸有苦

假使興害意
念彼觀音力
或漂流巨海
念彼觀音力
或在須彌峰
念彼觀音力
或被惡人逐
念彼觀音力
或值怨賊繞

推落大火坑
火坑變成池
龍魚諸鬼難
波浪不能沒
為人所推墮
如日虛空住
墮落金剛山
不能損一毛
各執刀加害

念彼觀音力　咸即起慈心
或遭王難苦　臨刑欲壽終
念彼觀音力　刀尋段段壞
或囚禁枷鎖　手足被杻械
念彼觀音力　釋然得解脫
咒詛諸毒藥　所欲害身者
念彼觀音力　還著於本人
或遇惡羅剎　毒龍諸鬼等
念彼觀音力　時悉不敢害

若悪獸圍繞　利牙爪可怖
念彼觀音力　疾走无邊方
蚖蛇及蝮蠍　氣毒煙火然
念彼觀音力　尋聲自迴去
雲雷鼓掣電　降雹澍大雨
念彼觀音力　應時得消散
衆生被困厄　无量苦逼身
觀音妙智力　能救世間苦
具足神通力　廣修智方便

十方諸國土
无剎不現身
種種諸惡趣
地獄鬼畜生
生老病死苦
以漸悉令滅
真觀清淨觀
廣大智慧觀
悲觀及慈觀
常願常瞻仰
无垢清淨光
慧日破諸暗
能伏災風火
普明照世間
悲體戒雷震
慈意妙大雲
澍甘露法雨
滅除煩惱焰

諍訟經官處　怖畏軍陣中
念彼觀音力　衆怨悉退散
妙音觀世音　梵音海潮音
勝彼世間音　是故須常念
念念勿生疑　觀世音淨聖
於苦惱死厄　能為作依怙
具一切功德　慈眼視衆生
福聚海无量　是故應頂礼
尒時。持地菩薩即從座起。前白佛言。世

尊。若有衆生聞是觀世音菩薩品。自在
之業。普門示現神通力者。當知是人。功
德不少。佛説是普門品時。衆中八万四
千衆生。皆發无等等阿耨多羅三藐三
菩提心。

妙法蓮華經觀世音菩薩普門品

姚秦三藏法師鳩摩羅什奉詔譯

尒時。无盡意菩薩即從座起。偏袒右肩。合掌向佛。而作是言。世尊。觀世音菩薩以何因緣。名觀世音。佛告无盡意菩薩。善男子。若有无量百千万億衆生。受諸苦惱。聞是觀世音菩薩。一心稱名。觀世音菩薩即時觀其音聲。皆得解脫。若有持是觀世音菩薩名者。設入大火。火不

能燒由是菩薩威神力故若為大水所
漂稱其名号即得淺處若有百千万億
衆生為求金銀瑠璃硨磲瑪瑙珊瑚虎
珀真珠等寶入於大海假使黑風吹其
船舫漂墮羅刹鬼國其中若有乃至一
人稱觀世音菩薩名者是諸人等皆得
解脫羅刹之難以是因緣名觀世音若
復有人臨當被害稱觀世音菩薩名者
彼所執刀杖尋段段壞而得解脫若三

千大千國土。滿中夜叉羅刹。欲来惱人。聞其稱觀世音菩薩名者。是諸惡鬼尚不能以惡眼視之。況復加害。設復有人。若有罪。若无罪。杻械枷鎖。檢繫其身。稱觀世音菩薩名者。皆悉斷壞。即得解脫。若三千大千國土。滿中怨賊。有一商主。將諸商人。齎持重寶。經過險路。其中一人。作是唱言。諸善男子。勿得恐怖。汝等應當一心稱觀世音菩薩名号。是菩薩

能以无畏施於眾生。汝等若稱名者。於
此怨賊當得解脫。眾商人聞。俱發聲言。
南无觀世音菩薩。稱其名故。即得解脫。
无盡意。觀世音菩薩摩訶薩。威神之力。
巍巍如是。若有眾生多於淫欲。常念恭
敬觀世音菩薩。便得離欲。若多瞋恚。常
念恭敬觀世音菩薩。便得離瞋。若多愚
癡。常念恭敬觀世音菩薩。便得離癡。无
盡意。觀世音菩薩有如是等大威神力。

多所饒益。是故衆生常應心念。若有女
人設欲求男。礼拜供養觀世音菩薩。便
生福德智慧之男。設欲求女。便生端正
有相之女。宿植德本。衆人愛敬。无盡意。
觀世音菩薩有如是力。若有衆生恭敬
礼拜觀世音菩薩。福不唐捐。是故衆生
皆應受持觀世音菩薩名号。无盡意。若
有人受持六十二億恒河沙菩薩名字。
復盡形供養飲食。衣服。卧具。醫藥。於汝

意云何。是善男子善女人功德多不。无
盡意言。甚多。世尊。佛言。若復有人受持
觀世音菩薩名號。乃至一時礼拜供養。
是二人福。正等无異。於百千万億劫不
可窮盡。无盡意。受持觀世音菩薩名号。
得如是无量无邊福德之利。无盡意菩
薩白佛言。世尊。觀世音菩薩云何遊此
娑婆世界。云何而為衆生說法。方便之
力。其事云何。佛告无盡意菩薩。善男子

若有國土眾生。應以佛身得度者。觀世
音菩薩即現佛身而為說法。應以辟支
佛身得度者。即現辟支佛身而為說法。
應以聲聞身得度者。即現聲聞身而為
說法。應以梵王身得度者。即現梵王身
而為說法。應以帝釋身得度者。即現帝
釋身而為說法。應以自在天身得度者。
即現自在天身而為說法。應以大自在
天身得度者。即現大自在天身而為說

法。應以天大将軍身得度者。即現天大
将軍身而為説法。應以毗沙門身得度
者。即現毗沙門身而為説法。應以小王
身得度者。即現小王身而為説法。應以
長者身得度者。即現長者身而為説法。
應以居士身得度者。即現居士身而為
説法。應以宰官身得度者。即現宰官身
而為説法。應以婆羅門身得度者。即現
婆羅門身而為説法。應以比丘。比丘尼。

優婆塞優婆夷身得度者即現比丘比
丘尼優婆塞優婆夷身而為說法應以
長者居士宰官婆羅門婦女身得度者
即現婦女身而為說法應以童男童女
身得度者即現童男童女身而為說法
應以天龍夜叉乾闥婆阿脩羅迦樓羅
緊那羅摩睺羅伽人非人等身得度者
即皆現之而為說法應以執金剛神得
度者即現執金剛神而為說法无盡意

是觀世音菩薩成就如是功德。以種種
形遊諸國土。度脫眾生。是故汝等應當
一心供養觀世音菩薩。是觀世音菩薩
摩訶薩。於怖畏急難之中。能施无畏。是
故此娑婆世界皆号之為施无畏者。无
盡意菩薩白佛言。世尊。我今當供養觀
世音菩薩。即解頸眾寶珠瓔珞。價值百
千兩金而以與之。作是言。仁者。受此法
施。珎寶瓔珞。時觀世音菩薩不肯受之。

无盡意復白觀世音菩薩言。仁者。愍我等故。受此瓔珞。尒時。佛告觀世音菩薩。當愍此无盡意菩薩。及四衆。天。龍。夜叉。乾闥婆。阿脩羅。迦樓羅。緊那羅。摩睺羅伽。人。非人等故。受是瓔珞。即時觀世音菩薩愍諸四衆。及於天。龍。人。非人等。受其瓔珞。分作二分。一分奉釋迦牟尼佛。一分奉多寶佛塔。无盡意。觀世音菩薩有如是自在神力。遊於娑婆世界。尒時。

无盡意菩薩以偈問曰。

世尊妙相具 我今重問彼

佛子何因緣 名為觀世音

具足妙相尊 偈答无盡意

汝聽觀音行 善應諸方所

弘誓深如海 歷劫不思議

侍多千億佛 發大清淨願

我為汝略説 聞名及見身

心念不空過 能滅諸有苦

假使興害意　推落大火坑
念彼觀音力　火坑變成池
或漂流巨海　龍魚諸鬼難
念彼觀音力　波浪不能没
或在須彌峰　為人所推墮
念彼觀音力　如日虛空住
或被惡人逐　墮落金剛山
念彼觀音力　不能損一毛
或值怨賊繞　各執刀加害

念彼觀音力　咸即起慈心
或遭王難苦　臨刑欲壽終
念彼觀音力　刀尋段段壞
或囚禁枷鎖　手足被杻械
念彼觀音力　釋然得解脫
咒詛諸毒藥　所欲害身者
念彼觀音力　還著於本人
或遇惡羅刹　毒龍諸鬼等
念彼觀音力　時悉不敢害

若惡獸圍繞　利牙爪可怖
念彼觀音力　疾走无邊方
蚖蛇及蝮蠍　氣毒煙火然
念彼觀音力　尋聲自迴去
雲雷鼓掣電　降雹澍大雨
念彼觀音力　應時得消散
眾生被困厄　无量苦逼身
觀音妙智力　能救世間苦
具足神通力　廣修智方便

十方諸國土
種種諸惡趣
生老病死苦
真觀清淨觀
悲觀及慈觀
无垢清淨光
能伏災風火
悲體戒雷震
澍甘露法雨

无刹不現身
地獄鬼畜生
以漸悉令滅
廣大智慧觀
常願常瞻仰
慧日破諸暗
普明照世間
慈意妙大雲
滅除煩惱焰

諍訟經官處
怖畏軍陣中
念彼觀音力
衆怨悉退散
妙音觀世音
梵音海潮音
勝彼世間音
是故須常念
念念勿生疑
觀世音淨聖
於苦惱死厄
能為作依怙
具一切功德
慈眼視衆生
福聚海无量
是故應頂礼
尒時。持地菩薩即從座起。前白佛言。世

尊。若有衆生聞是觀世音菩薩品。自在
之業。普門示現神通力者。當知是人。功
德不少。佛說是普門品時。衆中八万四
千衆生。皆發无等等阿耨多羅三藐三
菩提心。

妙法蓮華經觀世音菩薩普門品

姚秦三藏法師鳩摩羅什奉詔譯

尒時。无盡意菩薩即從座起。偏袒右肩。
合掌向佛。而作是言。世尊。觀世音菩薩
以何因緣。名觀世音。佛告无盡意菩薩。
善男子。若有无量百千万億衆生。受諸
苦惱。聞是觀世音菩薩。一心稱名。觀世
音菩薩即時觀其音聲。皆得解脫。若有
持是觀世音菩薩名者。設入大火。火不

能焼。由是菩薩威神力故。若為大水所
漂。稱其名号。即得浅處。若有百千万億
衆生。為求金。銀。瑠璃。硨磲。瑪瑙。珊瑚。虎
珀。真珠等寶。入於大海。假使黒風吹其
船舫。漂墮羅刹鬼國。其中若有乃至一
人稱觀世音菩薩名者。是諸人等。皆得
解脫羅刹之難。以是因縁。名觀世音。若
復有人臨當被害。稱觀世音菩薩名者。
彼所執刀杖。尋段段壊。而得解脫。若三

千大千國土。滿中夜叉羅刹。欲来惱人。聞其稱觀世音菩薩名者。是諸惡鬼尚不能以惡眼視之。況復加害。設復有人。若有罪。若无罪。杻械枷鎖。檢繫其身。稱觀世音菩薩名者。皆悉斷壞。即得解脫。若三千大千國土。滿中怨賊。有一商主。將諸商人。賫持重寶。經過險路。其中一人。作是唱言。諸善男子。勿得恐怖。汝等應當一心稱觀世音菩薩名号。是菩薩

能以无畏施於衆生。汝等若稱名者。於
此怨賊當得解脱。衆商人聞。俱發聲言。
南无觀世音菩薩。稱其名故。即得解脱。
无盡意。觀世音菩薩摩訶薩。威神之力。
巍巍如是。若有衆生多於淫欲。常念恭
敬觀世音菩薩。便得離欲。若多瞋恚。常
念恭敬觀世音菩薩。便得離瞋。若多愚
癡。常念恭敬觀世音菩薩。便得離癡。无
盡意。觀世音菩薩有如是等大威神力。

多所饒益。是故眾生常應心念。若有女
人設欲求男。礼拜供養觀世音菩薩便
生福德智慧之男。設欲求女。便生端正
有相之女。宿植德本。眾人愛敬。无盡意。
觀世音菩薩有如是力。若有眾生恭敬
礼拜觀世音菩薩。福不唐捐。是故眾生
皆應受持觀世音菩薩名号。无盡意。若
有人受持六十二億恒河沙菩薩名字。
復盡形供養飲食。衣服。臥具。醫藥。於汝

意云何。是善男子善女人功德多不。无盡意言。甚多。世尊。佛言。若復有人受持觀世音菩薩名号。乃至一時礼拜供養。是二人福。正等无異。於百千万億劫不可窮盡。无盡意。受持觀世音菩薩名号。得如是无量无邊福德之利。无盡意菩薩白佛言。世尊。觀世音菩薩云何遊此娑婆世界。云何而為衆生說法。方便之力。其事云何。佛告无盡意菩薩。善男子

若有國土衆生。應以佛身得度者。觀世
音菩薩即現佛身而為説法。應以辟支
佛身得度者。即現辟支佛身而為説法。
應以聲聞身得度者。即現聲聞身而為
説法。應以梵王身得度者。即現梵王身
而為説法。應以帝釋身得度者。即現帝
釋身而為説法。應以自在天身得度者。
即現自在天身而為説法。應以大自在
天身得度者。即現大自在天身而為説

法。應以天大將軍身得度者。即現天大
將軍身而為說法。應以毗沙門身得度
者。即現毗沙門身而為說法。應以小王
身得度者。即現小王身而為說法。應以
長者身得度者。即現長者身而為說法。
應以居士身得度者。即現居士身而為
說法。應以宰官身得度者。即現宰官身
而為說法。應以婆羅門身得度者。即現
婆羅門身而為說法。應以比丘。比丘尼。

優婆塞。優婆夷身得度者。即現比丘。比

丘尼。優婆塞。優婆夷身而為說法。應以

長者。居士。宰官。婆羅門。婦女身得度者。

即現婦女身而為說法。應以童男童女

身得度者。即現童男童女身而為說法。

應以天。龍。夜叉。乾闥婆。阿脩羅。迦樓羅。

緊那羅。摩睺羅伽。人。非人等身得度者。

即皆現之而為說法。應以執金剛神得

度者。即現執金剛神而為說法。无盡意。

是觀世音菩薩成就如是功德。以種種
形遊諸國土。度脫眾生。是故汝等應當
一心供養觀世音菩薩。是觀世音菩薩
摩訶薩。於怖畏急難之中。能施无畏。是
故此娑婆世界皆号之為施无畏者。无
盡意菩薩白佛言。世尊。我今當供養觀
世音菩薩。即解頸眾寶珠瓔珞。價值百
千兩金而以與之。作是言。仁者。受此法
施。珎寶瓔珞。時觀世音菩薩不肯受之。

无盡意復白觀世音菩薩言。仁者。愍我等故。受此瓔珞。尒時。佛告觀世音菩薩。當愍此无盡意菩薩。及四衆。天。龍。夜叉。乹闥婆。阿脩羅。迦樓羅。緊那羅。摩睺羅伽。人。非人等故。受是瓔珞。即時觀世音菩薩愍諸四衆。及於天。龍。人。非人等。受其瓔珞。分作二分。一分奉釋迦牟尼佛。一分奉多寶佛塔。无盡意。觀世音菩薩有如是自在神力。遊於娑婆世界。尒時。

无盡意菩薩以偈問曰。

世尊妙相具　我今重問彼

佛子何因緣　名為觀世音

具足妙相尊　偈答无盡意

汝聽觀音行　善應諸方所

弘誓深如海　歷劫不思議

侍多千億佛　發大清淨願

我為汝略說　聞名及見身

心念不空過　能滅諸有苦

假使興害意　推落大火坑
念彼觀音力　火坑變成池
或漂流巨海　龍魚諸鬼難
念彼觀音力　波浪不能沒
或在須彌峰　為人所推墮
念彼觀音力　如日虛空住
或被悪人逐　墮落金剛山
念彼觀音力　不能損一毛
或值怨賊繞　各執刀加害

念彼觀音力
或遭王難苦
念彼觀音力
或囚禁枷鎖
念彼觀音力
呪詛諸毒藥
念彼觀音力
或遇惡羅剎
念彼觀音力

咸即起慈心
臨刑欲壽終
刀尋段段壞
手足被杻械
釋然得解脫
所欲害身者
還著於本人
毒龍諸鬼等
時悉不敢害

若惡獸圍繞
利牙爪可怖
念彼觀音力
疾走无邊方
蚖蛇及蝮蠍
氣毒煙火然
念彼觀音力
尋聲自迴去
雲雷鼓掣電
降雹澍大雨
念彼觀音力
應時得消散
衆生被困厄
无量苦逼身
觀音妙智力
能救世間苦
具足神通力
廣修智方便

十方諸國土
種種諸惡趣
生老病死苦
真觀清淨觀
悲觀及慈觀
无垢清淨光
能伏災風火
悲體戒雷震
澍甘露法雨

无刹不現身
地獄鬼畜生
以漸悉令滅
廣大智慧觀
常願常瞻仰
慧日破諸暗
普明照世間
慈意妙大雲
滅除煩惱焰

諍訟經官處　怖畏軍陣中
念彼觀音力　衆怨悉退散
妙音觀世音　梵音海潮音
勝彼世間音　是故須常念
念念勿生疑　觀世音淨聖
於苦惱死厄　能為作依怙
具一切功德　慈眼視衆生
福聚海無量　是故應頂禮
尒時。持地菩薩即從座起。前白佛言。世

尊。若有衆生聞是觀世音菩薩品。自在
之業。普門示現神通力者。當知是人。功
德不少。佛說是普門品時。衆中八万四
千衆生。皆發无等等阿耨多羅三藐三
菩提心。

妙法蓮華經觀世音菩薩普門品

姚秦三藏法師鳩摩羅什奉詔譯

尒時。无盡意菩薩即從座起。偏袒右肩。
合掌向佛。而作是言。世尊。觀世音菩薩
以何因緣。名觀世音。佛告无盡意菩薩。
善男子。若有无量百千万億衆生。受諸
苦惱。聞是觀世音菩薩。一心稱名。觀世
音菩薩即時觀其音聲。皆得解脫。若有
持是觀世音菩薩名者。設入大火。火不

能焼。由是菩薩威神力故。若為大水所
漂。稱其名号。即得浅處。若有百千万億
衆生。為求金。銀。瑠璃。硨磲。瑪瑙。珊瑚。琥
珀。真珠等寶。入於大海。假使黒風吹其
船舫。漂堕羅刹鬼國。其中若有乃至一
人。稱觀世音菩薩名者。是諸人等。皆得
解脱羅刹之難。以是因縁。名觀世音。若
復有人。臨當被害。稱觀世音菩薩名者。
彼所執刀杖。尋段段壞。而得解脱。若三

千大千國土。滿中夜叉羅刹。欲来惱人。
聞其稱觀世音菩薩名者。是諸惡鬼尚
不能以惡眼視之。况復加害。設復有人。
若有罪。若无罪。杻械枷鎖。檢繫其身。稱
觀世音菩薩名者。皆悉斷壞。即得解脫。
若三千大千國土。滿中怨賊。有一商主。
將諸商人。齎持重寶。經過險路。其中一
人。作是唱言。諸善男子。勿得恐怖。汝等
應當一心稱觀世音菩薩名号。是菩薩

能以无畏施於衆生。汝等若稱名者。於
此怨賊當得解脫。衆商人聞。俱發聲言。
南无觀世音菩薩。稱其名故。即得解脫。
无盡意。觀世音菩薩摩訶薩。威神之力。
巍巍如是。若有衆生多於淫欲。常念恭
敬觀世音菩薩。便得離欲。若多瞋恚。常
念恭敬觀世音菩薩。便得離瞋。若多愚
癡。常念恭敬觀世音菩薩。便得離癡。无
盡意。觀世音菩薩有如是等大威神力。

多所饒益。是故眾生常應心念。若有女
人設欲求男。礼拜供養觀世音菩薩。便
生福德智慧之男。設欲求女。便生端正
有相之女。宿植德本。眾人愛敬。无盡意。
觀世音菩薩有如是力。若有眾生恭敬
礼拜觀世音菩薩。福不唐捐。是故眾生
皆應受持觀世音菩薩名号。无盡意。若
有人受持六十二億恒河沙菩薩名字。
復盡形供養飲食。衣服。臥具。醫藥。於汝

意云何。是善男子善女人功德多不。无
盡意言。甚多。世尊。佛言。若復有人受持
觀世音菩薩名号。乃至一時礼拜供養。
是二人福。正等无異。於百千万億劫不
可窮盡。无盡意。受持觀世音菩薩名号。
得如是无量无邊福德之利。无盡意菩
薩白佛言。世尊。觀世音菩薩云何遊此
娑婆世界。云何而為衆生說法。方便之
力。其事云何。佛告无盡意菩薩。善男子

若有國土衆生。應以佛身得度者。觀世音菩薩即現佛身而為說法。應以辟支佛身得度者。即現辟支佛身而為說法。應以聲聞身得度者。即現聲聞身而為說法。應以梵王身得度者。即現梵王身而為說法。應以帝釋身得度者。即現帝釋身而為說法。應以自在天身得度者。即現自在天身而為說法。應以大自在天身得度者。即現大自在天身而為說

法。應以天大將軍身得度者。即現天大
將軍身而為說法。應以毗沙門身得度
者。即現毗沙門身而為說法。應以小王
身得度者。即現小王身而為說法。應以
長者身得度者。即現長者身而為說法。
應以居士身得度者。即現居士身而為
說法。應以宰官身得度者。即現宰官身
而為說法。應以婆羅門身得度者。即現
婆羅門身而為說法。應以比丘。比丘尼。

優婆塞優婆夷身得度者即現比丘比
丘尼優婆塞優婆夷身而為說法應以
長者居士宰官婆羅門婦女身得度者
即現婦女身而為說法應以童男童女
身得度者即現童男童女身而為說法
應以天龍夜叉乾闥婆阿脩羅迦樓羅
緊那羅摩睺羅伽人非人等身得度者
即皆現之而為說法應以執金剛神得
度者即現執金剛神而為說法无盡意

是觀世音菩薩成就如是功德。以種種
形遊諸國土。度脫眾生。是故汝等應當
一心供養觀世音菩薩。是觀世音菩薩
摩訶薩。於怖畏急難之中。能施无畏。是
故此娑婆世界皆号之為施无畏者。无
盡意菩薩白佛言。世尊。我今當供養觀
世音菩薩。即解頸眾寶珠瓔珞。價值百
千兩金而以與之。作是言。仁者受此法
施。珎寶瓔珞。時觀世音菩薩不肯受之。

无盡意復白觀世音菩薩言。仁者。愍我
等故。受此瓔珞。尒時佛告觀世音菩薩。
當愍此无盡意菩薩。及四衆天龍夜叉。
乹闥婆。阿脩羅。迦樓羅。緊那羅。摩睺羅
伽。人。非人等故。受是瓔珞。即時觀世音
菩薩愍諸四衆。及於天龍。人。非人等。受
其瓔珞。分作二分。一分奉釋迦牟尼佛。
一分奉多寶佛塔。无盡意。觀世音菩薩。
有如是自在神力。遊於娑婆世界。尒時

无盡意菩薩以偈問曰。

世尊妙相具 我今重問彼
佛子何因緣 名為觀世音
具足妙相尊 偈答无盡意
汝聽觀音行 善應諸方所
弘誓深如海 歷劫不思議
侍多千億佛 發大清淨願
我為汝略說 聞名及見身
心念不空過 能滅諸有苦

假使興害意
念彼觀音力
或漂流巨海
念彼觀音力
或在須彌峰
念彼觀音力
或被惡人逐
念彼觀音力
或值怨賊繞

推落大火坑
火坑變成池
龍魚諸鬼難
波浪不能没
為人所推墮
如日虛空住
墮落金剛山
不能損一毛
各執刀加害

念彼觀音力　咸即起慈心
或遭王難苦　臨刑欲壽終
念彼觀音力　刀尋段段壞
或囚禁枷鎖　手足被杻械
念彼觀音力　釋然得解脫
咒詛諸毒藥　所欲害身者
念彼觀音力　還著於本人
或遇惡羅刹　毒龍諸鬼等
念彼觀音力　時悉不敢害

若惡獸圍繞
利牙爪可怖

念彼觀音力
疾走无邊方

蚖蛇及蝮蠍
氣毒煙火然

念彼觀音力
尋聲自迴去

雲雷鼓掣電
降雹澍大雨

念彼觀音力
應時得消散

衆生被困厄
无量苦逼身

觀音妙智力
能救世間苦

具足神通力
廣修智方便

十方諸國土
種種諸惡趣
生老病死苦
真觀清淨觀
悲觀及慈觀
无垢清淨光
能伏災風火
悲體戒雷震
澍甘露法雨

无剎不現身
地獄鬼畜生
以漸悉令滅
廣大智慧觀
常願常瞻仰
慧日破諸暗
普明照世間
慈意妙大雲
滅除煩惱焰

諍訟經官處　怖畏軍陣中

念彼觀音力　衆怨悉退散

妙音觀世音　梵音海潮音

勝彼世間音　是故須常念

念念勿生疑　觀世音淨聖

於苦惱死厄　能為作依怙

具一切功德　慈眼視衆生

福聚海无量　是故應頂礼

尒時。持地菩薩即從座起。前白佛言。世

尊。若有衆生聞是觀世音菩薩品。自在
之業。普門示現神通力者。當知是人。功
德不少。佛説是普門品時。衆中八万四
千衆生。皆發无等等阿耨多羅三藐三
菩提心。

妙法蓮華經觀世音菩薩普門品

姚秦三藏法師鳩摩羅什奉詔譯

尒時。无盡意菩薩即從座起。偏袒右肩。
合掌向佛。而作是言。世尊。觀世音菩薩
以何因緣。名觀世音。佛告无盡意菩薩。
善男子。若有无量百千万億衆生。受諸
苦惱。聞是觀世音菩薩。一心稱名。觀世
音菩薩即時觀其音聲。皆得解脫。若有
持是觀世音菩薩名者。設入大火。火不

能焼。由是菩薩威神力故。若為大水所
漂。稱其名号。即得浅處。若有百千万億
衆生。為求金。銀。瑠璃。硨磲。瑪瑙。珊瑚。虎
珀。真珠等寶。入於大海。假使黒風吹其
船舫。漂堕羅刹鬼國。其中若有乃至一
人稱觀世音菩薩名者。是諸人等。皆得
解脱羅刹之難。以是因縁。名觀世音。若
復有人臨當被害。稱觀世音菩薩名者。
彼所執刀杖。尋段段壊。而得解脱。若三

千大千國土。滿中夜叉羅剎。欲来惱人。
聞其稱觀世音菩薩名者。是諸惡鬼尚
不能以惡眼視之。況復加害。設復有人。
若有罪。若无罪。杻械枷鎖。檢繫其身。稱
觀世音菩薩名者。皆悉斷壞。即得解脫。
若三千大千國土。滿中怨賊。有一商主。
將諸商人。齎持重寶。經過險路。其中一
人。作是唱言。諸善男子。勿得恐怖。汝等
應當一心稱觀世音菩薩名号。是菩薩

能以无畏施於衆生。汝等若稱名者。於
此怨賊當得解脫。衆商人聞。俱發聲言
南无觀世音菩薩。稱其名故。即得解脫。
无盡意。觀世音菩薩摩訶薩。威神之力。
巍巍如是。若有衆生多於淫欲。常念恭
敬觀世音菩薩。便得離欲。若多瞋恚。常
念恭敬觀世音菩薩。便得離瞋。若多愚
癡。常念恭敬觀世音菩薩。便得離癡。无
盡意。觀世音菩薩有如是等大威神力。

多所饒益。是故眾生常應心念。若有女
人設欲求男。礼拜供養觀世音菩薩。便
生福德智慧之男。設欲求女。便生端正
有相之女。宿植德本。眾人愛敬。无盡意。
觀世音菩薩有如是力。若有眾生恭敬
礼拜觀世音菩薩。福不唐捐。是故眾生
皆應受持觀世音菩薩名号。无盡意。若
有人受持六十二億恒河沙菩薩名字。
復盡形供養飲食。衣服。臥具。醫藥。於汝

意云何。是善男子善女人功德多不。无
盡意言。甚多。世尊。佛言。若復有人受持
觀世音菩薩名号。乃至一時礼拜供養。
是二人福。正等无異。於百千万億劫不
可窮盡。无盡意。受持觀世音菩薩名号。
得如是无量无邊福德之利。无盡意菩
薩白佛言。世尊。觀世音菩薩云何遊此
娑婆世界。云何而為衆生說法。方便之
力。其事云何。佛告无盡意菩薩。善男子

若有國土衆生。應以佛身得度者。觀世
音菩薩即現佛身而為說法。應以辟支
佛身得度者。即現辟支佛身而為說法。
應以聲聞身得度者。即現聲聞身而為
說法。應以梵王身得度者。即現梵王身
而為說法。應以帝釋身得度者。即現帝
釋身而為說法。應以自在天身得度者。
即現自在天身而為說法。應以大自在
天身得度者。即現大自在天身而為說

法。應以天大將軍身得度者。即現天大
將軍身而為說法。應以毗沙門身得度
者。即現毗沙門身而為說法。應以小王
身得度者。即現小王身而為說法。應以
長者身得度者。即現長者身而為說法。
應以居士身得度者。即現居士身而為
說法。應以宰官身得度者。即現宰官身
而為說法。應以婆羅門身得度者。即現
婆羅門身而為說法。應以比丘。比丘尼。

優婆塞。優婆夷身得度者。即現比丘比
丘尼。優婆塞。優婆夷身而為說法。應以
長者。居士。宰官。婆羅門。婦女身得度者。
即現婦女身而為說法。應以童男童女
身得度者。即現童男童女身而為說法。
應以天。龍。夜叉。乾闥婆。阿脩羅。迦樓羅。
緊那羅。摩睺羅伽。人。非人等身得度者。
即皆現之而為說法。應以執金剛神得
度者。即現執金剛神而為說法。无盡意

是觀世音菩薩成就如是功德。以種種形遊諸國土。度脫眾生。是故汝等應當一心供養觀世音菩薩。是觀世音菩薩摩訶薩。於怖畏急難之中。能施无畏。是故此娑婆世界皆号之為施无畏者。无盡意菩薩白佛言。世尊。我今當供養觀世音菩薩。即解頸眾寶珠瓔珞。價值百千兩金而以與之。作是言。仁者。受此法施。珎寶瓔珞。時觀世音菩薩不肯受之。

无盡意復白觀世音菩薩言。仁者。愍我
等故。受此瓔珞。尒時。佛告觀世音菩薩。
當愍此无盡意菩薩。及四衆。天。龍。夜叉。
乾闥婆。阿脩羅。迦樓羅。緊那羅。摩睺羅
伽。人。非人等故。受是瓔珞。即時觀世音
菩薩愍諸四衆。及於天。龍。人。非人等。受
其瓔珞。分作二分。一分奉釋迦牟尼佛。
一分奉多寶佛塔。无盡意。觀世音菩薩
有如是自在神力。遊於娑婆世界。尒時。

无盡意菩薩以偈問曰

世尊妙相具　我今重問彼
佛子何曰缘　名為觀世音
具足妙相尊　偈答无盡意
汝聽觀音行　善應諸方所
弘誓深如海　歷劫不思議
侍多千億佛　發大清淨願
我為汝略說　聞名及見身
心念不空過　能滅諸有苦

假使興害意　推落大火坑
念彼觀音力　火坑變成池
或漂流巨海　龍魚諸鬼難
念彼觀音力　波浪不能沒
或在須彌峰　為人所推墮
念彼觀音力　如日虛空住
或被惡人逐　墮落金剛山
念彼觀音力　不能損一毛
或值怨賊繞　各執刀加害

念彼觀音力
或遭王難苦
念彼觀音力
或囚禁枷鎖
念彼觀音力
咒詛諸毒藥
念彼觀音力
或遇惡羅剎
念彼觀音力

咸即起慈心
臨刑欲壽終
刀尋段段壞
手足被杻械
釋然得解脫
所欲害身者
還著於本人
毒龍諸鬼等
時悉不敢害

若惡獸圍繞
利牙爪可怖
念彼觀音力
疾走无邊方
蚖蛇及蝮蠍
氣毒煙火然
念彼觀音力
尋聲自迴去
雲雷鼓掣電
降雹澍大雨
念彼觀音力
應時得消散
衆生被困厄
无量苦逼身
觀音妙智力
能救世間苦
具足神通力
廣修智方便

十方諸國土　无刹不現身
種種諸惡趣　地獄鬼畜生
生老病死苦　以漸悉令滅
真觀清淨觀　廣大智慧觀
悲觀及慈觀　常願常瞻仰
无垢清淨光　慧日破諸暗
能伏災風火　普明照世間
悲體戒雷震　慈意妙大雲
澍甘露法雨　滅除煩惱焰

諍訟經官處
怖畏軍陣中
念彼觀音力
眾怨悉退散
妙音觀世音
梵音海潮音
勝彼世間音
是故須常念
念念勿生疑
觀世音淨聖
於苦惱死厄
能為作依怙
具一切功德
慈眼視眾生
福聚海无量
是故應頂礼
尒時。持地菩薩即從座起。前白佛言。世

尊。若有衆生聞是觀世音菩薩品。自在之業。普門示現神通力者。當知是人。功德不少。佛說是普門品時。衆中八万四千衆生。皆發无等等阿耨多羅三藐三菩提心。

妙法蓮華經觀世音菩薩普門品

姚秦三藏法師鳩摩羅什奉詔譯

尒時。无盡意菩薩即從座起。偏袒右肩。
合掌向佛。而作是言。世尊。觀世音菩薩。
以何因緣。名觀世音。佛告无盡意菩薩。
善男子。若有无量百千万億衆生。受諸
苦惱。聞是觀世音菩薩。一心稱名。觀世
音菩薩即時觀其音聲。皆得解脫。若有
持是觀世音菩薩名者。設入大火。火不

能燒。由是菩薩威神力故。若為大水所
漂。稱其名号。即得淺處。若有百千万億
衆生。為求金。銀。琉。璃。硨。磲。瑪瑙。珊瑚。琥
珀。真珠等寶。入於大海。假使黑風吹其
船舫。漂墮羅刹鬼國。其中若有乃至一
人稱觀世音菩薩名者。是諸人等。皆得
解脫羅刹之難。以是因緣。名觀世音。若
復有人臨當被害。稱觀世音菩薩名者。
彼所執刀杖。尋段段壞。而得解脫。若三

千大千國土。滿中夜叉羅刹。欲来惱人。
聞其稱觀世音菩薩名者。是諸惡鬼尚
不能以惡眼視之。況復加害。設復有人
若有罪。若无罪。杻械枷鎖。檢繫其身。稱
觀世音菩薩名者。皆悉斷壞。即得解脫。
若三千大千國土。滿中怨賊。有一商主。
將諸商人。齎持重寶。經過險路。其中一
人。作是唱言。諸善男子。勿得恐怖。汝等
應當一心稱觀世音菩薩名号。是菩薩

能以无畏施於衆生。汝等若稱名者。於
此怨賊當得解脫。衆商人聞。俱發聲言。
南无觀世音菩薩。稱其名故。即得解脫。
无盡意。觀世音菩薩摩訶薩。威神之力。
巍巍如是。若有衆生多於淫欲。常念恭
敬觀世音菩薩。便得離欲。若多瞋恚。常
念恭敬觀世音菩薩。便得離瞋。若多愚
癡。常念恭敬觀世音菩薩。便得離癡。无
盡意。觀世音菩薩有如是等大威神力。

多所饒益。是故眾生常應心念。若有女
人設欲求男。礼拜供養觀世音菩薩便
生福德智慧之男。設欲求女。便生端正
有相之女。宿植德本。眾人愛敬。无盡意。
觀世音菩薩有如是力。若有眾生恭敬
礼拜觀世音菩薩。福不唐捐。是故眾生
皆應受持觀世音菩薩名号。无盡意。若
有人受持六十二億恒河沙菩薩名字。
復盡形供養飲食。衣服。臥具。醫藥。於汝

意云何。是善男子善女人功德多不。无
盡意言。甚多。世尊。佛言。若復有人受持
觀世音菩薩名号。乃至一時礼拜供養。
是二人福。正等无異。於百千万億劫不
可窮盡。无盡意。受持觀世音菩薩名号。
得如是无量无邊福德之利。无盡意菩
薩白佛言。世尊。觀世音菩薩云何遊此
娑婆世界。云何而為衆生說法。方便之
力。其事云何。佛告无盡意菩薩。善男子

若有國土眾生。應以佛身得度者。觀世
音菩薩即現佛身而為說法。應以辟支
佛身得度者。即現辟支佛身而為說法。
應以聲聞身得度者。即現聲聞身而為
說法。應以梵王身得度者。即現梵王身
而為說法。應以帝釋身得度者。即現帝
釋身而為說法。應以自在天身得度者。
即現自在天身而為說法。應以大自在
天身得度者。即現大自在天身而為說

法。應以天大將軍身得度者。即現天大
將軍身而為說法。應以毗沙門身得度
者。即現毗沙門身而為說法。應以小王
身得度者。即現小王身而為說法。應以
長者身得度者。即現長者身而為說法。
應以居士身得度者。即現居士身而為
說法。應以宰官身得度者。即現宰官身
而為說法。應以婆羅門身得度者。即現
婆羅門身而為說法。應以比丘。比丘尼。

優婆塞。優婆夷身得度者。即現比丘。比
丘尼。優婆塞。優婆夷身而為說法。應以
長者。居士。宰官。婆羅門。婦女身得度者。
即現婦女身而為說法。應以童男童女
身得度者。即現童男童女身而為說法。
應以天。龍。夜叉。乾闥婆。阿脩羅。迦樓羅。
緊那羅。摩睺羅伽。人。非人等身得度者。
即皆現之而為說法。應以執金剛神得
度者。即現執金剛神而為說法。无盡意。

是觀世音菩薩成就如是功德。以種種
形遊諸國土。度脫衆生。是故汝等應當
一心供養觀世音菩薩。是觀世音菩薩
摩訶薩。於怖畏急難之中。能施无畏。是
故此娑婆世界皆号之為施无畏者。无
盡意菩薩白佛言。世尊。我今當供養觀
世音菩薩。即解頸衆寶珠瓔珞。價值百
千兩金。而以與之。作是言。仁者。受此法
施。珎寶瓔珞。時觀世音菩薩不肯受之。

无盡意復白觀世音菩薩言。仁者。愍我
等故。受此瓔珞。尒時佛告觀世音菩薩。
當愍此无盡意菩薩。及四衆。天龍。夜叉。
乾闥婆。阿脩羅。迦樓羅。緊那羅。摩睺羅
伽。人。非人等故。受是瓔珞。即時觀世音
菩薩愍諸四衆。及於天。龍。人。非人等。受
其瓔珞。分作二分。一分奉釋迦牟尼佛。
一分奉多寶佛塔。无盡意。觀世音菩薩
有如是自在神力。遊於娑婆世界。尒時。

无盡意菩薩以偈問曰。

世尊妙相具　我今重問彼
佛子何因緣　名為觀世音
具足妙相尊　偈答无盡意
汝聽觀音行　善應諸方所
弘誓深如海　歷劫不思議
侍多千億佛　發大清淨願
我為汝略說　聞名及見身
心念不空過　能滅諸有苦

假使興害意　推落大火坑
念彼觀音力　火坑變成池
或漂流巨海　龍魚諸鬼難
念彼觀音力　波浪不能沒
或在須彌峰　為人所推墮
念彼觀音力　如日虛空住
或被惡人逐　墮落金剛山
念彼觀音力　不能損一毛
或值怨賊繞　各執刀加害

念彼觀音力　咸即起慈心
或遭王難苦　臨刑欲壽終
念彼觀音力　刀尋段段壞
或囚禁枷鎖　手足被杻械
念彼觀音力　釋然得解脫
咒詛諸毒藥　所欲害身者
念彼觀音力　還著於本人
或遇惡羅剎　毒龍諸鬼等
念彼觀音力　時悉不敢害

若惡獸圍繞
念彼觀音力
蚖蛇及蝮蠍
念彼觀音力
雲雷鼓掣電
念彼觀音力
衆生被困厄
觀音妙智力
具足神通力

利牙介可怖
疾走无邊方
氣毒煙火然
尋聲自迴去
降雹澍大雨
應時得消散
无量苦逼身
能救世間苦
廣修智方便

十方諸國土
種種諸惡趣
生老病死苦
真觀清淨觀
悲觀及慈觀
无垢清淨光
能伏災風火
悲體戒雷震
澍甘露法雨

无刹不現身
地獄鬼畜生
以漸悉令滅
廣大智慧觀
常願常瞻仰
慧日破諸暗
普明照世間
慈意妙大雲
滅除煩惱焰

諍訟經官處　怖畏軍陣中
念彼觀音力　衆怨悉退散
妙音觀世音　梵音海潮音
勝彼世間音　是故須常念
念念勿生疑　觀世音淨聖
於苦惱死厄　能為作依怙
具一切功德　慈眼視衆生
福聚海无量　是故應頂礼

尒時。持地菩薩即從座起。前白佛言。世

尊。若有衆生聞是觀世音菩薩品。自在
之業。普門示現神通力者。當知是人。功
德不少。佛説是普門品時。衆中八万四
千衆生。皆發无等等阿耨多羅三藐三
菩提心。

妙法蓮華經觀世音菩薩普門品

姚秦三藏法師鳩摩羅什奉詔譯

尒時。无盡意菩薩即從座起。偏袒右肩。
合掌向佛。而作是言。世尊。觀世音菩薩
以何因緣。名觀世音。佛告无盡意菩薩。
善男子。若有无量百千万億衆生。受諸
苦惱。聞是觀世音菩薩。一心稱名。觀世
音菩薩即時觀其音聲。皆得解脫。若有
持是觀世音菩薩名者。設入大火。火不

能燒。由是菩薩威神力故。若為大水所
漂。稱其名号。即得浅處。若有百千万億
衆生。為求金。銀。瑠璃。硨磲。瑪瑙。珊瑚。虎
珀。真珠等寶。入於大海。假使黑風吹其
船舫。漂堕羅刹鬼國。其中若有乃至一
人。稱觀世音菩薩名者。是諸人等。皆得
解脱羅刹之難。以是因縁。名觀世音。若
復有人臨當被害。稱觀世音菩薩名者。
彼所執刀杖。尋段段壞。而得解脱。若三

千大千國土。滿中夜叉羅刹。欲來惱人。聞其稱觀世音菩薩名者。是諸惡鬼尚不能以惡眼視之。況復加害。設復有人。若有罪。若无罪。杻械枷鎖。檢繫其身。稱觀世音菩薩名者。皆悉斷壞。即得解脫。若三千大千國土。滿中怨賊。有一商主。將諸商人。賫持重寶。經過險路。其中一人作是唱言。諸善男子。勿得恐怖。汝等應當一心稱觀世音菩薩名号。是菩薩

能以无畏施於眾生。汝等若稱名者。於
此怨賊當得解脫。眾商人聞。俱發聲言。
南无觀世音菩薩。稱其名故。即得解脫。
无盡意。觀世音菩薩摩訶薩。威神之力。
巍巍如是。若有眾生多於淫欲。常念恭
敬觀世音菩薩。便得離欲。若多瞋恚。常
念恭敬觀世音菩薩。便得離瞋。若多愚
癡。常念恭敬觀世音菩薩。便得離癡。无
盡意。觀世音菩薩有如是等大威神力。

多所饒益。是故衆生常應心念。若有女人設欲求男。礼拜供養觀世音菩薩。便生福德智慧之男。設欲求女。便生端正有相之女。宿植德本。衆人愛敬。无盡意。觀世音菩薩有如是力。若有衆生恭敬礼拜觀世音菩薩。福不唐捐。是故衆生皆應受持觀世音菩薩名号。无盡意。若有人受持六十二億恒河沙菩薩名字。復盡形供養飲食。衣服。卧具。醫藥。於汝

意云何。是善男子善女人功德多不。无盡意言。甚多。世尊。佛言。若復有人受持觀世音菩薩名号。乃至一時礼拜供養。是二人福。正等无異。於百千万億劫不可窮盡。无盡意。受持觀世音菩薩名号。得如是无量无邊福德之利。无盡意菩薩白佛言。世尊。觀世音菩薩云何遊此娑婆世界。云何而為衆生說法。方便之力。其事云何。佛告无盡意菩薩。善男子

若有國土眾生。應以佛身得度者。觀世音菩薩即現佛身而為說法。應以辟支佛身得度者。即現辟支佛身而為說法。應以聲聞身得度者。即現聲聞身而為說法。應以梵王身得度者。即現梵王身而為說法。應以帝釋身得度者。即現帝釋身而為說法。應以自在天身得度者。即現自在天身而為說法。應以大自在天身得度者。即現大自在天身而為說

法。應以天大將軍身得度者。即現天大
將軍身而為說法。應以毗沙門身得度
者。即現毗沙門身而為說法。應以小王
身得度者。即現小王身而為說法。應以
長者身得度者。即現長者身而為說法。
應以居士身得度者。即現居士身而為
說法。應以宰官身得度者。即現宰官身
而為說法。應以婆羅門身得度者。即現
婆羅門身而為說法。應以比丘。比丘尼。

優婆塞。優婆夷身得度者。即現比丘。比
丘尼。優婆塞。優婆夷身而為說法。應以
長者。居士。宰官。婆羅門。婦女身得度者。
即現婦女身而為說法。應以童男童女
身得度者。即現童男童女身而為說法。
應以天。龍。夜叉。乾闥婆。阿脩羅。迦樓羅。
緊那羅。摩睺羅伽。人。非人等身得度者。
即皆現之而為說法。應以執金剛神得
度者。即現執金剛神而為說法。无盡意。

是觀世音菩薩成就如是功德。以種種
形遊諸國土。度脫衆生。是故汝等應當
一心供養觀世音菩薩。是觀世音菩薩
摩訶薩。於怖畏急難之中。能施无畏。是
故此娑婆世界皆号之為施无畏者。无
盡意菩薩白佛言。世尊。我今當供養觀
世音菩薩。即解頸衆寶珠瓔珞。價值百
千兩金而以與之。作是言。仁者。受此法
施。珎寶瓔珞。時觀世音菩薩不肯受之。

无盡意復白觀世音菩薩言。仁者。愍我等故。受此瓔珞。尒時。佛告觀世音菩薩。當愍此无盡意菩薩。及四衆。天。龍。夜叉。乾闥婆。阿脩羅。迦樓羅。緊那羅。摩睺羅伽。人。非人等故。受是瓔珞。即時觀世音菩薩愍諸四衆。及於天。龍。人。非人等。受其瓔珞。分作二分。一分奉釋迦牟尼佛。一分奉多寶佛塔。无盡意。觀世音菩薩有如是自在神力。遊於娑婆世界。尒時。

无盡意菩薩以偈問曰。

世尊妙相具　我今重問彼
佛子何因缘　名為觀世音
具足妙相尊　偈答无盡意
汝聽觀音行　善應諸方所
弘誓深如海　歷劫不思議
侍多千億佛　發大清淨願
我為汝略説　聞名及見身
心念不空過　能滅諸有苦

假使興害意
推落大火坑
念彼觀音力
火坑變成池
或漂流巨海
龍魚諸鬼難
念彼觀音力
波浪不能没
或在須彌峰
為人所推墮
念彼觀音力
如日虛空住
或被惡人逐
墮落金剛山
念彼觀音力
不能損一毛
或值怨賊繞
各執刀加害

念彼觀音力　咸即起慈心
或遭王難苦　臨刑欲壽終
念彼觀音力　刀尋段段壞
或囚禁枷鎖　手足被杻械
念彼觀音力　釋然得解脫
咒詛諸毒藥　所欲害身者
念彼觀音力　還著於本人
或遇惡羅剎　毒龍諸鬼等
念彼觀音力　時悉不敢害

若惡獸圍繞
利牙爪可怖
念彼觀音力
疾走无邊方
蚖蛇及蝮蠍
氣毒煙火然
念彼觀音力
尋聲自迴去
雲雷鼓掣電
降雹澍大雨
念彼觀音力
應時得消散
衆生被困厄
无量苦逼身
觀音妙智力
能救世間苦
具足神通力
廣修智方便

十方諸國土
種種諸惡趣
生老病死苦
真觀清淨觀
悲觀及慈觀
无垢清淨光
能伏災風火
悲體戒雷震
澍甘露法雨

无剎不現身
地獄鬼畜生
以漸悉令滅
廣大智慧觀
常願常瞻仰
慧日破諸暗
普明照世間
慈意妙大雲
滅除煩惱焰

諍訟經官處
怖畏軍陣中
念彼觀音力
衆怨悉退散
妙音觀世音
梵音海潮音
勝彼世間音
是故須常念
念念勿生疑
觀世音淨聖
於苦惱死厄
能為作依怙
具一切功德
慈眼視衆生
福聚海無量
是故應頂禮
尒時。持地菩薩即從座起。前白佛言。世

尊。若有衆生聞是觀世音菩薩品。自在之業。普門示現神通力者。當知是人。功德不少。佛說是普門品時。衆中八万四千衆生。皆發无等等阿耨多羅三藐三菩提心。

妙法蓮華經觀世音菩薩普門品

姚秦三藏法師鳩摩羅什奉詔譯

介時。无盡意菩薩即從座起。偏袒右肩
合掌向佛。而作是言。世尊。觀世音菩薩
以何因緣。名觀世音。佛告无盡意菩薩。
善男子。若有无量百千万億眾生受諸
苦惱。聞是觀世音菩薩。一心稱名。觀世
音菩薩即時觀其音聲。皆得解脫。若有
持是觀世音菩薩名者。設入大火。火不

能焼。由是菩薩威神力故。若為大水所
漂。稱其名号。即得浅處。若有百千万億
衆生。為求金銀。瑠璃。硨磲。瑪瑙。珊瑚。虎
珀。真珠等寶。入於大海。假使黑風吹其
船舫。漂墮羅刹鬼國。其中若有乃至一
人。稱觀世音菩薩名者。是諸人等。皆得
解脫羅刹之難。以是因緣。名觀世音。若
復有人。臨當被害。稱觀世音菩薩名者。
彼所執刀杖。尋段段壞。而得解脫。若三

千大千國土滿中夜叉羅刹欲來惱人
聞其稱觀世音菩薩名者是諸惡鬼尚
不能以惡眼視之況復加害設復有人
若有罪若無罪杻械枷鎖檢繫其身稱
觀世音菩薩名者皆悉斷壞即得解脫
若三千大千國土滿中怨賊有一商主
將諸商人齎持重寶經過險路其中一
人作是唱言諸善男子勿得恐怖汝等
應當一心稱觀世音菩薩名號是菩薩

能以无畏施於衆生。汝等若稱名者。於
此怨賊當得解脫。衆商人聞。俱發聲言。
南无觀世音菩薩。稱其名故。即得解脫。
无盡意。觀世音菩薩摩訶薩。威神之力。
巍巍如是。若有衆生多於淫欲。常念恭
敬觀世音菩薩。便得離欲。若多瞋恚。常
念恭敬觀世音菩薩。便得離瞋。若多愚
癡。常念恭敬觀世音菩薩。便得離癡。无
盡意。觀世音菩薩有如是等大威神力。

多所饒益。是故眾生常應心念。若有女
人設欲求男。礼拜供養觀世音菩薩。便
生福德智慧之男。設欲求女。便生端正
有相之女。宿植德本。眾人愛敬。无盡意。
觀世音菩薩有如是力。若有眾生恭敬
礼拜觀世音菩薩。福不唐捐。是故眾生
皆應受持觀世音菩薩名号。无盡意。若
有人受持六十二億恒河沙菩薩名字。
復盡形供養飲食。衣服。臥具。醫藥。於汝

意云何。是善男子善女人功德多不。无
盡意言。甚多。世尊。佛言。若復有人受持
觀世音菩薩名号。乃至一時礼拜供養。
是二人福。正等无異。於百千万億劫不
可窮盡。无盡意。受持觀世音菩薩名号。
得如是无量无邊福德之利。无盡意菩
薩白佛言。世尊。觀世音菩薩云何遊此
娑婆世界。云何而為衆生說法。方便之
力。其事云何。佛告无盡意菩薩。善男子

若有國土衆生。應以佛身得度者。觀世
音菩薩即現佛身而為説法。應以辟支
佛身得度者。即現辟支佛身而為説法。
應以聲聞身得度者。即現聲聞身而為
説法。應以梵王身得度者。即現梵王身
而為説法。應以帝釋身得度者。即現帝
釋身而為説法。應以自在天身得度者。
即現自在天身而為説法。應以大自在
天身得度者。即現大自在天身而為説

法。應以天大將軍身得度者。即現天大
將軍身而為說法。應以毗沙門身得度
者。即現毗沙門身而為說法。應以小王
身得度者。即現小王身而為說法。應以
長者身得度者。即現長者身而為說法。
應以居士身得度者。即現居士身而為
說法。應以宰官身得度者。即現宰官身
而為說法。應以婆羅門身得度者。即現
婆羅門身而為說法。應以比丘。比丘尼。

優婆塞、優婆夷身得度者。即現比丘、比丘尼、優婆塞、優婆夷身而為說法。應以長者、居士、宰官、婆羅門、婦女身得度者。即現婦女身而為說法。應以童男童女身得度者。即現童男童女身而為說法。應以天、龍、夜叉、乾闥婆、阿脩羅、迦樓羅、緊那羅、摩睺羅伽、人、非人等身得度者。即皆現之而為說法。應以執金剛神得度者。即現執金剛神而為說法。无盡意。

是觀世音菩薩成就如是功德。以種種
形遊諸國土。度脫眾生。是故汝等應當
一心供養觀世音菩薩。是觀世音菩薩
摩訶薩。於怖畏急難之中。能施无畏。是
故此娑婆世界皆号之為施无畏者。无
盡意菩薩白佛言。世尊。我今當供養觀
世音菩薩。即解頸眾寶珠瓔珞。價值百
千兩金而以與之。作是言。仁者。受此法
施。珎寶瓔珞。時觀世音菩薩不肯受之。

无盡意復白觀世音菩薩言。仁者。愍我
等故。受此瓔珞。尒時。佛告觀世音菩薩。
當愍此无盡意菩薩。及四衆。天龍。夜叉。
乾闥婆。阿脩羅。迦樓羅。緊那羅。摩睺羅
伽。人。非人等故。受是瓔珞。即時觀世音
菩薩愍諸四衆。及於天。龍。人。非人等。受
其瓔珞。分作二分。一分奉釋迦牟尼佛。
一分奉多寶佛塔。无盡意。觀世音菩薩
有如是自在神力。遊於娑婆世界。尒時。

无盡意菩薩以偈問曰。

世尊妙相具
我今重問彼
佛子何曰缘
名為觀世音
具足妙相尊
偈答无盡意

汝聽觀音行
善應諸方所
弘誓深如海
歷劫不思議
侍多千億佛
發大清淨願

我為汝略說
聞名及見身
心念不空過
能滅諸有苦

假使興害意，推落大火坑，
念彼觀音力，火坑變成池。
或漂流巨海，龍魚諸鬼難，
念彼觀音力，波浪不能沒。
或在須彌峰，為人所推墮，
念彼觀音力，如日虛空住。
或被惡人逐，墮落金剛山，
念彼觀音力，不能損一毛。
或值怨賊繞，各執刀加害，

念彼觀音力
咸即起慈心
或遭王難苦
臨刑欲壽終
念彼觀音力
刀尋段段壞
或囚禁枷鎖
手足被杻械
念彼觀音力
釋然得解脫
咒詛諸毒藥
所欲害身者
念彼觀音力
還著於本人
或遇惡羅剎
毒龍諸鬼等
念彼觀音力
時悉不敢害

若惡獸圍繞　利牙爪可怖
念彼觀音力　疾走无邊方
蚖蛇及蝮蠍　氣毒煙火然
念彼觀音力　尋聲自迴去
雲雷鼓掣電　降雹澍大雨
念彼觀音力　應時得消散
眾生被困厄　无量苦逼身
觀音妙智力　能救世間苦
具足神通力　廣修智方便

十方諸國土
種種諸惡趣
生老病死苦
真觀清淨觀
悲觀及慈觀
无垢清淨光
能伏災風火
悲體戒雷震
澍甘露法雨

无剎不現身
地獄鬼畜生
以漸悉令滅
廣大智慧觀
常願常瞻仰
慧日破諸暗
普明照世間
慈意妙大雲
滅除煩惱焰

諍訟經官處
怖畏軍陣中
念彼觀音力
眾怨悉退散
妙音觀世音
梵音海潮音
勝彼世間音
是故須常念
念念勿生疑
觀世音淨聖
於苦惱死厄
能為作依怙
具一切功德
慈眼視眾生
福聚海无量
是故應頂礼

尒時。持地菩薩即從座起。前白佛言。世

尊。若有衆生聞是觀世音菩薩品。自在之業。普門示現神通力者。當知是人。功德不少。佛說是普門品時。衆中八万四千衆生。皆發无等等阿耨多羅三藐三菩提心。

妙法蓮華經觀世音菩薩普門品

姚秦三藏法師鳩摩羅什奉詔譯

尒時。无盡意菩薩即從座起。偏袒右肩。合掌向佛。而作是言。世尊。觀世音菩薩以何因緣。名觀世音。佛告无盡意菩薩。善男子。若有无量百千万億衆生。受諸苦惱。聞是觀世音菩薩。一心稱名。觀世音菩薩即時觀其音聲。皆得解脫。若有持是觀世音菩薩名者。設入大火。火不

能燒。由是菩薩威神力故。若為大水所
漂。稱其名号。即得淺處。若有百千万億
眾生。為求金。銀。瑠璃。硨磲。瑪瑙。珊瑚。虎
珀。真珠等寶。入於大海。假使黑風吹其
船舫。漂墮羅剎鬼國。其中若有乃至一
人稱觀世音菩薩名者。是諸人等。皆得
解脫羅剎之難。以是因緣。名觀世音。若
復有人臨當被害。稱觀世音菩薩名者。
彼所執刀杖。尋段段壞。而得解脫。若三

千大千國土滿中夜叉羅刹欲来惱人聞其稱觀世音菩薩名者是諸惡鬼尚不能以惡眼視之況復加害設復有人若有罪若无罪杻械枷鎖檢繫其身稱觀世音菩薩名者皆悉斷壞即得解脫若三千大千國土滿中怨賊有一商主将諸商人賫持重寶經過險路其中一人作是唱言諸善男子勿得恐怖汝等應當一心稱觀世音菩薩名号是菩薩

能以无畏施於眾生。汝等若稱名者。於
此怨賊當得解脫。眾商人聞。俱發聲言
南无觀世音菩薩。稱其名故。即得解脫。
无盡意。觀世音菩薩摩訶薩。威神之力。
巍巍如是。若有眾生多於淫欲。常念恭
敬觀世音菩薩。便得離欲。若多瞋恚。常
念恭敬觀世音菩薩。便得離瞋。若多愚
癡。常念恭敬觀世音菩薩。便得離癡。无
盡意。觀世音菩薩有如是等大威神力。

多所饒益。是故衆生常應心念。若有女
人設欲求男。礼拜供養觀世音菩薩。便
生福德智慧之男。設欲求女。便生端正
有相之女。宿植德本。衆人愛敬。无盡意。
觀世音菩薩有如是力。若有衆生恭敬
礼拜觀世音菩薩。福不唐捐。是故衆生
皆應受持觀世音菩薩名号。无盡意。若
有人受持六十二億恒河沙菩薩名字。
復盡形供養飲食。衣服。卧具。醫藥。於汝

意云何。是善男子善女人功德多不。无
盡意言。甚多。世尊。佛言。若復有人受持
觀世音菩薩名号。乃至一時礼拜供養。
是二人福。正等无異。於百千万億劫不
可窮盡。无盡意。受持觀世音菩薩名号。
得如是无量无邊福德之利。无盡意菩
薩白佛言。世尊。觀世音菩薩云何遊此
娑婆世界。云何而為衆生說法。方便之
力。其事云何。佛告无盡意菩薩。善男子

若有國土眾生。應以佛身得度者。觀世
音菩薩即現佛身而為說法。應以辟支
佛身得度者。即現辟支佛身而為說法。
應以聲聞身得度者。即現聲聞身而為
說法。應以梵王身得度者。即現梵王身
而為說法。應以帝釋身得度者。即現帝
釋身而為說法。應以自在天身得度者。
即現自在天身而為說法。應以大自在
天身得度者。即現大自在天身而為說

法。應以天大將軍身得度者。即現天大
將軍身而為說法。應以毗沙門身得度
者。即現毗沙門身而為說法。應以小王
身得度者。即現小王身而為說法。應以
長者身得度者。即現長者身而為說法。
應以居士身得度者。即現居士身而為
說法。應以宰官身得度者。即現宰官身
而為說法。應以婆羅門身得度者。即現
婆羅門身而為說法。應以比丘。比丘尼。

優婆塞。優婆夷身得度者。即現比丘。比
丘尼。優婆塞。優婆夷身而為說法。應以
長者。居士。宰官。婆羅門。婦女身得度者。
即現婦女身而為說法。應以童男童女
身得度者。即現童男童女身而為說法。
應以天。龍。夜叉。乾闥婆。阿脩羅。迦樓羅。
緊那羅。摩睺羅伽。人。非人等身得度者。
即皆現之而為說法。應以執金剛神得
度者。即現執金剛神而為說法。無盡意。

是觀世音菩薩成就如是功德。以種種
形遊諸國土。度脱衆生。是故汝等應當
一心供養觀世音菩薩。是觀世音菩薩
摩訶薩。於怖畏急難之中。能施无畏。是
故此娑婆世界皆号之為施无畏者。无
盡意菩薩白佛言。世尊。我今當供養觀
世音菩薩。即解頸衆寶珠瓔珞。價值百
千兩金而以與之。作是言。仁者。受此法
施。珎寶瓔珞。時觀世音菩薩不肯受之。

无盡意復白觀世音菩薩言。仁者。愍我
等故。受此瓔珞。尒時。佛告觀世音菩薩。
當愍此无盡意菩薩。及四衆。天。龍。夜叉。
乹闥婆。阿脩羅。迦樓羅。緊那羅。摩睺羅
伽。人。非人等故。受是瓔珞。即時觀世音
菩薩愍諸四衆。及於天龍人。非人等。受
其瓔珞。分作二分。一分奉釋迦牟尼佛。
一分奉多寶佛塔。无盡意。觀世音菩薩
有如是自在神力。遊於娑婆世界。尒時。

无盡意菩薩以偈問曰。

世尊妙相具　我今重問彼
佛子何因緣　名為觀世音
具足妙相尊　偈答无盡意
汝聽觀音行　善應諸方所
弘誓深如海　歷劫不思議
侍多千億佛　發大清淨願
我為汝略說　聞名及見身
心念不空過　能滅諸有苦

假使興害意
念彼觀音力
或漂流巨海
念彼觀音力
或在須彌峰
念彼觀音力
或被惡人逐
念彼觀音力
或值怨賊繞

推落大火坑
火坑變成池
龍魚諸鬼難
波浪不能沒
為人所推墮
如日虛空住
墮落金剛山
不能損一毛
各執刀加害

念彼觀音力　咸即起慈心
或遭王難苦　臨刑欲壽終
念彼觀音力　刀尋段段壞
或囚禁枷鎖　手足被杻械
念彼觀音力　釋然得解脫
咒詛諸毒藥　所欲害身者
念彼觀音力　還著於本人
或遇惡羅剎　毒龍諸鬼等
念彼觀音力　時悉不敢害

若惡獸圍繞　利牙爪可怖
念彼觀音力　疾走无邊方
蚖蛇及蝮蠍　氣毒煙火然
念彼觀音力　尋聲自迴去
雲雷鼓掣電　降雹澍大雨
念彼觀音力　應時得消散
衆生被困厄　无量苦逼身
觀音妙智力　能救世間苦
具足神通力　廣修智方便

十方諸國土无刹不現身
種種諸惡趣地獄鬼畜生
生老病死苦以漸悉令滅
真觀清淨觀廣大智慧觀
悲觀及慈觀常願常瞻仰
无垢清淨光慧日破諸暗
能伏災風火普明照世間
悲體戒雷震慈意妙大雲
澍甘露法雨滅除煩惱焰

諍訟經官處　怖畏軍陣中
念彼觀音力　衆怨悉退散
妙音觀世音　梵音海潮音
勝彼世間音　是故須常念
念念勿生疑　觀世音淨聖
於苦惱死厄　能為作依怙
具一切功德　慈眼視衆生
福聚海无量　是故應頂礼
尒時。持地菩薩即從座起。前白佛言。世

尊。若有衆生聞是觀世音菩薩品。自在
之業。普門示現神通力者。當知是人。功
德不少。佛說是普門品時。衆中八万四
千衆生。皆發无等等阿耨多羅三藐三
菩提心。

寫・觀世音菩薩普門品

作　　者　張明明
封面設計　莊謹銘
內頁排版　高巧怡
行銷企劃　陳慧敏、蕭浩仰
行銷統籌　駱漢琦
業務發行　邱紹溢
責任編輯　林芳吟
總 編 輯　李亞南

出　　版　漫遊者文化事業股份有限公司
地　　址　台北市松山區復興北路331號4樓
電　　話　(02) 2715-2022
傳　　真　(02) 2715-2021
服務信箱　service@azothbooks.com
網路書店　www.azothbooks.com
臉　　書　www.facebook.com/azothbooks.read
營運統籌　大雁文化事業股份有限公司
地　　址　台北市松山區復興北路333號11樓之4
劃撥帳號　50022001
戶　　名　漫遊者文化事業股份有限公司
初版一刷　2023年2月
定　　價　台幣280元

EAN　2-28459766-011-5